U0026294

Heart Healing Cards 2

療心卡 2

【對話筆記】

周詠詩◎著

目錄

筆記的運用

療心卡 1 除了說明手冊，還增加了塗鴉畫冊。因為圖像的創作，是更深層的自我療癒。

而療心卡 2 則除了說明手冊，增加了對話筆記。因為在人際關係當中，如何好好溝通，如何真正開啟對話，是拉近彼此距離的重要方法。

但在開啟雙方的對話之前，需要先釐清自己的想法跟感受，也可以練習更多覺察自己的對應行為、舊有的模式。也就是讓自己先準備好，更清楚自己的狀態跟期待，就更容易在關係中表達與聆聽。

所以，對話筆記包括跟自己的對話，還有跟對方的對話。

使用方式包括：選牌的記錄跟抽牌的覺察。

請先為自己預備一個獨處安靜的空間，準備好你的療心卡、對話筆記本，還有好寫的筆。

如果是進行關係對話，就像是為雙方安排一場約會一樣。找一個彼此覺得舒適放鬆的空間，一人有一套療心卡更好。也可以先進行自己的探索對話，再來操作兩人的關係對話。

就讓我們一步一步開始，轉動關係經營的鑰匙吧！

自我對話的運用

當想要更認識自己的時候，可以用「選牌」的方式。把42張療心卡2的牌面朝上打開，一一看著每一張牌。可以參考牌義的文字，也可以選擇覺得跟自己的狀態有呼應的圖像。

重點是主題的設定。比如：最近自己的心情、最近在工作上的樣貌、最近跟某人的關係等等。

設定好自己想要探索的主題，把有呼應的牌卡拿出來。接著可以再挑出最想進行自我對話的幾張牌卡，翻開對話筆記，開始書寫記錄。

文字的記錄可以讓我們釐清梳理腦海中可能混亂不明的想法思緒。

透過書寫，看見自己心中的脈絡與故事，就更可以認識自己，了解自己。

以下是針對選牌的記錄內容。你也可以使用自己喜歡的問句，因為自我對話的精髓就是透過跟自己的一問一答、一來一往，讓盤踞在心中的眾多思維情緒，有一個明朗的沈澱空間。療心卡就如同鏡子，映照出我們的潛意識。這個對話筆記也適合使用療心卡1來進行喔！

你也可以複印這些空白的記錄頁，成為自己專屬的筆記本。

1. 選牌的主題是：
. . . .

2. 我選了哪些牌卡：
. . . .

3. 我更想要探索的牌卡是：
. . . .

4. 我對這張牌卡牌義的詮釋是：
．．

5. 看到這張牌卡的圖像，讓我想到：
. . . .

6. 這張牌卡跟我想探索主題的關聯是：
. . . .

7. 當我選出這些牌，我發現了：
. . . .

8. 如果用一句話做這個主題的總結，是：
. . . .

除了以上的問答，你也可以使用自由書寫的方式。為自己限定一個時間，例如：十到十五分鐘，針對主題與選到的牌卡進行書寫。規則是：筆不能停下來，盡量把你當下腦海中的第一個念頭記錄下來。通常可以更深入反映自己真實的狀態。

愛
Love

舊傷
Old wound

開始你的自由書寫吧！

為自己設計不同玩法跟記錄吧！

當你遇到關係中的困擾時，可以用「抽牌」的方式。

請先將療心卡2的衝突組跟親密組分開。一樣要先設定好自己的困擾主題。例如：我跟某某人的關係。把兩組的牌面朝下，洗牌。心裡想著這個困擾，各抽一張衝突組跟親密組。兩張都抽出來之後，請先打開衝突組，再打開親密組。接著就可以開始進行文字記錄與自我對話。

以下是針對抽牌的記錄內容。

1. 抽牌的困擾是：

2. 我抽到的衝突組是 ＿＿＿＿＿＿，親密組是＿＿＿＿＿＿。

3. 衝突組代表引發關係衝突的原因，我覺得：
. . . .

4. 親密組代表促進關係靠近的方法，我發現：
. . . .

5. 寫下我對這段關係的想法、感受與期待：
. . . .

6. 翻開說明手冊，參考衝突組的說明，寫出對自己的回應：
. . . .

7. 翻開說明手冊,參考親密組的入門密碼,寫下給自己的建議:
. . . .

8. 我想跟對方說的內心話是：

. . . .

除了以上的問答，你也可以使用自由書寫的方式。為自己限定一個時間，例如：十到十五分鐘，針對主題與抽到的牌卡進行書寫。

規則是：筆不能停下來，盡量把你當下腦海中的第一個念頭記錄下來。通常可以更深入地反映自己真實的狀態。

開始你的自由書寫吧！

欣賞
Appreciate

自私
Being selfish

為自己設計不同玩法跟記錄吧！

關係對話的運用

如果是雙方願意透過療心卡來進行對話，一樣可以用「選牌」的方式開始喔！首先，將 42 張療心卡 2 的牌面朝上，一一放在桌面上。就像是平常在聊天，但透過選擇某幾張或某一張療心卡來進行表達。而另一方也可以使用選擇某幾張或某一張療心卡來作為回應。如果可以單純的說跟聽，不一定要使用筆記來記錄。

但如果願意讓彼此嘗試不同的交流或更有品質的對話，也可以把對話筆記當作交換日記的概念來操作。

一種是寫下自己的自我對話，再告訴對方，作為分享。一種是彼此寫下彼此對關係的想法感受，再跟對方訴說，讓彼此都更了解雙方對於這段關係的看法。

以下是針對關係的選牌記錄內容。不一定要按照順序進行，可以選擇你們喜歡探索分享的主題。當然，你們也可以設定彼此想要分享的題目，甚至可以設定希望對方分享的題目。透過書寫，給彼此一段安靜的時間。寫完之後，再來好好分享！也可以分享之後，再進行文字記錄。或是兩者交替運用。

一、選出數張牌卡，代表我對目前關係的看法感受。

1.. 我選出的牌卡是：
. . . .

2. 對方選出的牌卡是：
. . . .

3. 我看到對方選出的牌卡，我的想法感受是：
. . . .

4. 聽完對方的分享，我的想法感受是：
. . . .

二、選出數張牌卡，代表我目前對關係的期待。

1. 我選出的牌卡是：
. . . .

2. 對方選出的牌卡是：
. . . .

3. 我們彼此有一樣的牌卡是：
. . . .

4. 我們彼此不一樣的牌卡是：
. . . .

5. 聽完彼此的分享，我的想法感受是：
. . . .

6. 聽完彼此的分享，我們可以如何滿足對關係的期待：
. . . .

三、選出數張牌卡，代表我目前對關係的失落或受傷。

1. 我選出的牌卡是：
. . . .

2. 對方選出的牌卡是：
. . . .

3. 我們彼此有一樣的牌卡是：
. . . .

4. 我們彼此不一樣的牌卡是：
. . . .

5. 聽完彼此的分享，我的想法感受是：
. . . .

6. 聽完彼此的分享，我們可以如何改善對關係的失落：
. . . .

為彼此設計不同玩法，記錄跟分享吧！

除了選牌，雙方也可以運用「抽牌」的方式。首先，將療心卡2的衝突組跟親密組分開。可以運用兩種抽牌方式，一種是在關係狀態還不錯的時候，只抽親密組。一種是在關係不佳的時候，抽一張衝突組，再抽一張親密組。即便有衝突，但只要願意靠近，就可以透過療心卡2打開心結喔！

當然，你們也可以一起設計有趣的抽牌題目。特別彼此針對關係的同一個主題抽牌，看看會有什麼樣不同的回應。

以下是針對關係的抽牌記錄內容。

一、為關係注入好能量，可以從 21 張親密組抽一張或抽三張。

1. 我抽到的牌卡是：
. . . .

2. 對方抽到的牌卡是：
. . . .

3. 我可以透過這張牌卡，為關係帶來的改變是：
. . . .

4. 對方可以透過這張牌卡，為關係帶來的改變是：
. . . .

5. 我們可以一起為關係的經營所付出的行動是：
. . . .

二、彼此設定一個關係的困擾或者針對共同的困擾，從衝突組跟親密組，各抽一張牌卡。如果各自有一套療心卡2，分別抽牌，會有更有趣的歷程喔！

1. 我們設定的困擾是：
. . . .

2. 我抽到的衝突組是 ＿＿＿＿＿＿ ，親密組是 ＿＿＿＿＿＿。

3. 對方抽到的衝突組是 ＿＿＿＿＿＿ ，親密組是 ＿＿＿＿＿＿。

4. 我如何解讀自己抽到的兩張牌卡：
. . . .

5. 對方如何詮釋自己抽到的兩張牌卡：
. . . .

6. 我們對彼此抽到的牌卡有什麼樣的看法跟感受：
. . . .

7. 透過衝突組的抽牌，我們對彼此的關係有什麼樣的發現：
. . . .

8. 透過親密組的抽牌，我們可以為彼此的關係帶來什麼樣的改變：
. . . .

人際關係的難題是因為有了另一方，就有了甜蜜歡樂，但也可能帶來痛苦哀傷。

所以透過療心卡 2 有意識的選牌跟潛意識的抽牌，透過自我對話跟真正與對方展開對話，一定會有很不一樣的經驗與找到彼此溝通的有趣方式喔！

為彼此設計不同玩法，記錄跟分享吧！

欣賞
Appreciate

感謝
Be grateful

信任
Trust

馴服
Chain

操縱
Manipulate

競爭
Compete

療心卡 1

42 把認識自我的心靈之鑰

♥ 周詠詩 著

♥ 包含 42 張牌卡，有一半的滋養組，代表解決問題的方法，跟另一半的陰影組，代表困境背後的原因。

♥ 相對於療心卡 2，更適合自我探索與對話，也象徵個人內在世界的各種樣貌。

療心卡 2

作　　　者／周詠詩
牌 卡 繪 者／洪筱筑
美 術 編 輯／申朗創意

總　編　輯／賈俊國
副 總 編 輯／蘇士尹
編　　　輯／高懿萩
行 銷 企 畫／張莉滎・黃欣・蕭羽猜

發　行　人／何飛鵬
法 律 顧 問／元禾法律事務所王子文律師
出　　　版／布克文化出版事業部
　　　　　　台北市中山區民生東路二段 141 號 8 樓
　　　　　　電話：(02)2500-7008　傳真：(02)2502-7676
　　　　　　Email：sbooker.service@cite.com.tw
發　　　行／英屬蓋曼群島商家庭傳媒股份有限公司城邦分公司
　　　　　　台北市中山區民生東路二段 141 號 2 樓
　　　　　　書虫客服服務專線：(02)2500-7718；2500-7719
　　　　　　24 小時傳真專線：(02)2500-1990；2500-1991
　　　　　　劃撥帳號：19863813；戶名：書虫股份有限公司
　　　　　　讀者服務信箱：service@readingclub.com.tw
香港發行所／城邦（香港）出版集團有限公司
　　　　　　香港灣仔駱克道 193 號東超商業中心 1 樓
　　　　　　電話：+852-2508-6231　　傳真：+852-2578-9337
　　　　　　Email：hkcite@biznetvigator.com
馬新發行所／城邦（馬新）出版集團 Cité (M) Sdn. Bhd.
　　　　　　41, Jalan Radin Anum, Bandar Baru Sri Petaling,
　　　　　　57000 Kuala Lumpur, Malaysia
　　　　　　電話：+603- 9057-8822　　傳真：+603- 9057-6622
　　　　　　Email：cite@cite.com.my
印　　　刷／卡樂彩色製版印刷有限公司
初　　　版／2022 年 7 月
售　　　價／1280 元
Ｉ Ｓ Ｂ Ｎ／978-626-7126-45-5